# LA
# QUESTION SOCIALE

OU

## LA PROPRIÉTÉ INDIVIDUELLE

CONTRE

## LES COMMUNISTES ET LES PILLARDS

PAR

## HUMBERT DE SABOULIN

AVOCAT PRÈS LA COUR D'APPEL D'AIX.

PRIX : 50 CENTIMES.

| MARSEILLE | AIX |
|---|---|
| CRESPIN, LIBRAIRE, RUE TAPIS-VERT. | CHEZ TOUS LES LIBRAIRES. |
| CHAUFFARD, LIBR., R. DES FEUILLANTS. | |

JUILLET 1871.

AIX. IMPRIMERIE J. NICOT, COURS, 55.

# AU LECTEUR.

J'adresse ici à tous et en particulier aux travailleurs, aux ouvriers honnêtes et laborieux dont les instincts généreux auraient pu se laisser égarer momentanément par des utopies subtiles, quelques pages relatives à l'importante question du droit de propriété. Ce droit fondamental et sacré, si évident par lui-même, consacré par le consentement de tous les peuples depuis le commencement des temps historiques, est nié, on le sait, de nos jours, par un certain nombre d'ambitieux, jaloux de se faire un piédestal de la crédulité du vulgaire. Je vais essayer de dissiper les ténèbres dont ils ont voulu envelopper une question si essentielle. Je m'efforcerai aussi de montrer à ceux qu'aveuglerait une folle espérance de pillage, combien ils se tromperaient en se figurant qu'il est possible d'asseoir un heureux avenir sur un fondement aussi ruineux. Puissé-je éclairer quelques âmes droites, rendre une lueur de raison à quelques insensés ! Je n'ai pas d'autre ambition. Voir quelques-uns de ces hommes qu'essaient de déshonorer les clubs faire désormais l'honneur des ateliers, sera, pour mes modestes efforts, la meilleure des récompenses.

Je ne vais point m'efforcer, dans ce rapide travail, de remuer profondément les cœurs par des effets de rhétorique, ni de charmer les imaginations par les séductions souvent décevantes du style. Exposer simplement et nettement la vérité me paraît plus digne d'un sujet entièrement pratique et de la loyauté absolue qui est le premier devoir de tout écrivain !

Aix, ce 6 juillet 1871.

H. de S.

Nota. — On voudra bien ne se point étonner de retrouver ici des passages empruntés à un article du journal *la Provence*, en date du 2 mai 1871, et intitulé : *La question sociale*. L'auteur du présent travail était aussi celui de l'article non signé auquel nous faisons allusion. Il n'a donc fait qu'user de son droit et il n'est débiteur que de lui-même.

# LA
# QUESTION SOCIALE

## OU LA PROPRIÉTÉ INDIVIDUELLE

### CONTRE LES COMMUNISTES ET LES PILLARDS.

I.

Je dois commencer par établir la légitimité du droit de propriété, démontrant par là même l'illégitimité du communisme et du pillage qui lui sont opposés. Je complèterai ensuite la preuve de la thèse qui exclut ces deux atteintes au droit du propriétaire, en montrant, soit combien le communisme serait nuisible à l'intérêt social et, par suite, à celui des particuliers, soit combien le pillage lui-même serait peu compatible avec le véritable intérêt privé de ceux qui croiraient en s'y livrant se préparer quelque profit.

II.

J'ai, dans un travail encore inédit, approfondi la question du droit naturel du propriétaire. Je me bornerai ici à de courtes, mais, je l'espère, décisives considérations sur cet important sujet.

Une exposition claire des principes vaudra démonstration.

La propriété individuelle est légitime parce que la destination de l'homme à ce genre de propriété est un vœu évident de la nature.

Sans l'appropriation individuelle des choses, en effet, l'homme ne peut pourvoir suffisamment à sa conservation et à celle de sa famille, à laquelle, cependant, la loi naturelle lui fait un devoir de veiller.

Si le premier homme, comme on l'a remarqué avec vérité, n'est pas né propriétaire, il est, du moins, venu au monde susceptible de le devenir. Toutes nos facultés, toutes nos tendances, tous nos besoins réclament l'appropriation des choses mobilières et immobilières à notre convenance spéciale. Il nous faut en user et en disposer individuellement pour le présent et nous les réserver pour l'usage à venir.

La seule condition imposée par la nature à l'acquisition originaire de la propriété par nous, est l'occupation par nos soins de choses n'appartenant point à autrui, avec intention, de notre part, de les tirer de l'état de communauté négative où elles étaient par rapport à tous, en nous les attribuant à l'exclusion de tout autre. Notre droit sur ces choses est ensuite confirmé par notre travail tendant à leur transformation ou conservation. Une extension naturelle de ce droit nous rend propres les fruits ou les accroissements des objets placés sous notre domaine.

Ce que nous pouvons posséder à l'exclusion de tout autre, nous pouvons le transmettre, entre vifs ou à cause de mort, tout comme nous pourrions l'anéantir. Souvent nous l'avons créé ; toujours nous l'avons conservé. De quel droit nous empêcherait-on de le détruire ? Or, transmettre, c'est, en quelque façon, anéantir par la volonté, pour tout autre que le concessionnaire appelé à s'en mettre en possession, l'objet dont on a le droit de disposer. C'est souvent réaliser un vœu désintéressé plus cher à notre cœur que les désirs dont l'objet est notre satisfaction personnelle.

Acquise par l'échange des travaux, produits et services, c'est-à-dire à titre onéreux, soit qu'il y ait simple *troc* ou qu'il y ait *vente*, la propriété est encore évidemment aussi légitime, à tout le moins, qu'acquise à titre gratuit.

La propriété transmise est donc aussi légitimement possédée que celle directement créée par notre travail personnel.

La prescription fait supposer, dans un grave intérêt de sécurité, l'acquisition ou la transmission légitime de la propriété de la chose dont nous avons été les possesseurs pendant un temps prolongé.

Cela posé, le droit de propriété est reconnu légitime.


## III.


Mais on peut renoncer librement à l'exercice permis d'une faculté. Le propriétaire pourrait sacrifier, dans l'intérêt public, son droit né de la nature même des choses. Y aurait-il à cela un intérêt réel ?

Le communisme résulterait de cette renonciation au droit de propriété indivïduelle et ce serait, ou le communisme improprement dit qui met tout entre les mains de l'État pour faire un partage égal de la propriété entre tous les citoyens, ou ce qu'on appelle, à proprement parler, *communisme*, qui mettrait en commun toutes choses, l'État se faisant l'organisateur de la production et le distributeur du salaire ou de la ration de chaque jour, ou chacun puisant à sa convenance dans la masse commune après avoir produit librement.

Si ces systèmes devaient mettre fin à la *misère*, l'intérêt social en réclamerait l'application et il y aurait lieu pour l'État de la solliciter de la libre initiative des propriétaires sacrifiant à la société civile un droit antérieur et supérieur à celui de cette société.

Mais pour bien voir quels peuvent être les remèdes efficaces de cette maladie de l'humanité, demandons-nous, avant tout, quelles en sont les causes profondes ?

Les sources primitives de la *misère* sont nos vices et nos er-
reurs. Elle découle de notre faiblesse physique, intellectuelle et
morale. La faiblesse physique et intellectuelle de l'homme s'oppose surtout à la production de la richesse. Parmi ses vices
dépendant de sa faiblesse et de sa perversité morales, la paresse,
qui en fait un parasite vivant plus ou moins aux dépens de la
communauté, s'oppose principalement à l'acquisition des biens
et la prodigalité à leur conservation.

Les systèmes dont nous parlons supprimeraient-ils mieux que
celui de la propriété individuelle ces principes d'un grand mal
social ?

La faiblesse physique et intellectuelle est inhérente à notre
nature. Aucun système ne pourra la supprimer.

Quant à la paresse et à la prodigalité examinons les résultats
des doctrines dont nous avons annoncé la discussion.

Elles seront plus fortes contre ces mauvais principes que le
système de la propriété individuelle si elles apportent un meil-
leur stimulant au travail ou soit à la production et un frein
plus puissant à la consommation outrée.

Or le feront-elles ?

## IV.

Examinons d'abord les effets du communisme improprement
dit.

Nous avons premièrement une fin de non-recevoir à opposer
au système du partage égal de la propriété entre tous les citoyens. Il n'est pas réalisable ! Le fût-il d'ailleurs aucun effet
utile n'en résulterait au point de vue, soit de la production,
soit de la consommation.

Il ne l'est pas parce qu'il faudrait tenir compte pour sa réali-
sation d'une innombrable quantité de circonstances qui varient
sans cesse, de sorte qu'au moment où l'on arrêterait la quantité

proportionnelle due à chacun les termes de la proportion auraient déjà changé et tout le calcul serait à refaire pour établir la part correspondante à l'égalité véritable dans ce moment-là. Chaque jour des milliers d'individus naissent et meurent. Tantôt les décès dépassent numériquement les naissances. Tantôt ces dernières sont les plus nombreuses. On croirait avoir affaire à tel nombre de copartageants et tel autre chiffre serait, en ce moment, le total réel de ceux qui doivent participer au partage.

Supposons pourtant ce partage réalisé. Egal pendant une heure il ne tarderait pas, aussitôt après, à devenir disproportionné. Une commission permanente de contrôle et de répartition composée d'un nombre effrayant de... parasites y perdrait ses sueurs et ses peines. Sans le travail permanent de cette commission, les décès, les naissances, et de plus, la faiblesse, la paresse et la prodigalité rétabliraient bientôt les inégalités antérieures.

Car, malgré l'application de ce système, ces causes de la misère subsisteraient toujours. La diminution de certaines fortunes ne serait pas un stimulant suffisant pour le travail et l'économie de tous. On voit tous les jours des hommes dénués de tout et chargés de famille préférer la lâche insouciance de la mendicité et du vol au travail honnête qui pourrait les enrichir ou fournir, du moins, à leur subsistance. Voilà donc le parasitisme et, cette fois-ci, le vrai, persistant sous le régime du partage égal.

Entrons pour un moment dans une supposition absurde. Tous les hommes, immédiatement transformés, nous l'admettons, deviendraient, sous ce système qu'on pourrait, nous le supposons encore, facilement établir et maintenir, économes et laborieux tout ensemble. A quelque degré qu'ils possèdent ces trop rares qualités pourront-ils tirer du sol plus que l'étendue à eux confiée ne le permettra ?

On a calculé que la propriété, également divisée entre tous les Français, donnerait à chacun trente-trois francs de revenu par an.

Voilà donc ce qui résulterait du désir réalisé de rendre tout le monde propriétaire. La misère, au lieu d'être supprimée, deviendrait universelle. Mais il ne faut pas perdre de vue qu'on ne viendrait même pas à bout d'établir le partage égal, encore moins de le maintenir, cela par les motifs indiqués précédemment.

Cette idée doit donc être absolument écartée du débat qui continue entre la propriété individuelle et le communisme proprement dit, organisé ou non.

## V.

S'il n'est pas organisé, la production et la consommation y seront absolument libres. On conçoit la conséquence de cette liberté. Il n'y aura qu'une sorte d'émulation entre les hommes. Chacun d'eux cherchera à consommer le plus qu'il pourra en produisant le moins possible. On se disputera le monceau des richesses communes sans chercher à rien produire jusqu'à ce qu'il soit complètement absorbé. On le voit, ni le système de la propriété individuelle, ni même aucun autre ne pourrait donner autant de gages que celui-ci à la paresse et à la prodigalité. On ne saurait donc songer un moment au communisme proprement dit si la production, ou soit le travail, et la consommation n'y étaient pas organisés.

## VI.

Reste le cas où cette organisation aurait lieu.

Elle porterait, disons-nous, sur la production et la consommation. La production serait organisée, c'est-à-dire le travail serait dirigé et salarié par l'État. Personne ne pourrait s'y soustraire. La consommation aurait son organisation par cela même qu'on recevrait de l'État ce qu'on aurait à consommer.

Où se réfugierait la liberté des citoyens, dans ce régime, nous ne perdrons pas le temps à le chercher. Examinons seulement les résultats économiques de cette combinaison sociale.

Le salaire ou la ration, peu importe, dans ce système, serait ou bien proportionnel au travail, ou aux besoins de chacun, ou aux deux ensemble, ou bien mathématiquement égal entre tous.

1º La répartition mathématiquement égale des rations ou des salaires entre tous les citoyens aboutirait, le plus souvent, à donner, tantôt à l'un, tantôt à l'autre, le superflu, sans donner à son voisin le nécessaire, à cause de l'inégalité naturelle des besoins entre les hommes. De plus, elle rétribuerait celui-ci au-delà de ses mérites et celui-là moins qu'il ne l'a mérité, à raison de l'inégalité naturelle des aptitudes productives et des efforts producteurs entre les divers individus. Par là elle favoriserait la prodigalité à côté de laquelle elle laisserait subsister la misère, comme on le reproche à la propriété individuelle, mais toutefois avec une notable différence. Car la propriété individuelle permet à chacun de dissiper des biens acquis par son travail personnel ou par celui de ses auteurs. Cette répartition permettrait à un paresseux de dissiper ce qu'a produit un travailleur. Et, en outre, elle découragerait la production. On ne voudrait pas, en effet, se donner plus de peine qu'autrui pour n'avoir pas un profit supérieur à celui du fainéant et pour voir dissiper par un indifférent le produit des pénibles efforts auxquels on a eu à se livrer.

Aurait-on, pour activer le travail, recours à la contrainte, l'intérêt collectif de l'humanité, mis à la place de l'intérêt individuel, ne suffisant pas à remplacer ce stimulant d'une manière satisfaisante dans l'hypothèse où nous nous trouvons ?

Mais, évidemment, la contrainte ne serait pas un excitant préférable à l'intérêt personnel. Elle amènerait la révolte plutôt

que le travail. Et puis, où trouver ces gardes-chiourmes, chargés d'imposer les travaux forcés à l'humanité tout entière ? S'ils
s'imposent eux-mêmes, qui les supportera ? S'ils sont élus, n'au-
ront-ils point quelques complaisances excessives pour leurs
électeurs ?

On rougit d'avoir à discuter de telles folies. Evidemment il
faut préférer l'état de choses existant au communisme organisé
avec la répartition mathématiquement égale entre tous les
citoyens des salaires d'un travail, soit libre, soit forcé.

2° Vaut-il mieux avoir recours à un autre mode de rémunération, au partage proportionnel des rations ou salaires ?

Ce partage sera proportionné ou au travail, ou aux besoins,
ou aux deux ensemble.


1. Ecartons d'abord cette dernière hypothèse, impossible à
réaliser, car les uns peuvent produire moins qu'ils n'ont besoin
de consommer, les autres consommer moins qu'il ne leur est
possible de produire. Il y a, dans chaque individu, disproportion entre les besoins et la faculté de se créer des ressources.


2. Le partage sera-t-il proportionnel au travail seulement ?

Il donnerait alors aux uns le superflu sans donner aux autres le nécessaire, à raison de la disproportion dont nous ve-
nons de parler. Il permettrait donc aux uns la prodigalité et
laisserait leurs voisins dans la misère, comme on le reproche à
la propriété individuelle et rétablirait les inégalités sociales dont
le communisme cherche la fin, si l'on n'interdisait pas l'accumu-
lation des économies à ceux dont les facultés de production dé-
passeraient celles de consommation. Si, d'autre part, cette pro-
hibition était édictée, la production serait découragée et le partage ne serait plus réellement proportionnel au travail, l'État
retirant d'une main ce qu'il aurait donné de l'autre.

On verrait donc reparaître le contraste entre le superflu et le
manque du nécessaire chez les divers citoyens, contraste au

nom duquel le communisme voudrait se substituer à la propriété. Il faut rejeter encore ce mode de rémunération du travail, soit libre, soit forcé.

3. Reste le partage proportionnel aux besoins seulement. C'est, de beaucoup, le plus rationnel si on le compare au précédent. Mais il aura pour effet de décourager la production à cause de l'égoïsme de chaque homme, peu disposé à donner gratuitement à autrui le bénéfice de ses sueurs.

Dans l'hypothèse de ce partage, ceux dont les facultés productives sont supérieures à leurs besoins, ne s'attacheraient à rien produire au-delà de ce qui devrait leur être nécessaire, ne voulant pas employer leurs forces infructueusement. Par suite, pour avoir voulu retrancher aux uns leur superflu, afin de donner à tous l'indispensable, on en viendrait à n'avoir le nécessaire pour aucun, ceux-là n'ayant pas produit le superflu ni les autres ce qui devait suffire à leurs besoins.

Ce système retrancherait donc l'excès de la consommation, mais il diminuerait la production au point de ne permettre à personne de consommer ce qu'il lui faut.

## VII.

Nous avons épuisé la série des systèmes communistes fondamentaux, ne disant rien des difficultés ou, pour mieux parler, des impossibilités d'application du communisme organisé, des commissions permanentes de contrôle et de répartition dont la tâche serait si prodigieusement délicate, de la confiance aveugle qu'il leur faudrait accorder, de l'effroyable puissance dont elles seraient investies, des abus incomparables qui pourraient et devraient naturellement s'ensuivre de tout cela. Nous avons dû rejeter successivement ces systèmes comme inférieurs à celui de la propriété pour produire la richesse générale. Avant de conclure d'une manière définitive répondons cependant à une objection.

Ceux qui possèdent le superflu, pourrait-on nous dire, en font part actuellement à ceux auxquels manque le nécessaire. Sous les systèmes communistes, personne il est vrai, ne pourrait posséder en propre plus qu'il ne consomme puisqu'on interdirait la propriété. Mais pourquoi l'homme capable de produire au-delà de ses besoins ne travaillerait-il pas pour son voisin, cédant en cela au même sentiment de charité qui le pousse à lui faire don de l'excédant de ses ressources dans un autre système ?

Il ne le ferait presque jamais, pouvons-nous répondre, et cela par plusieurs motifs.

Tout d'abord, il se rencontre des hommes capables de travailler seulement en vue de leur intérêt personnel qui, plus tard, l'heure de l'effort et de la peine étant passée, se trouvent heureux de céder à un mouvement soudain et passager de compassion, ou à l'espoir de la reconnaissance de l'obligé, ou à la pression de l'opinion publique. Mais, proposez-leur de travailler, de se fatiguer pour autrui, ils n'y consentiront jamais.

D'autres se résigneront à un travail dont la rémunération leur promettra les joies de la charité. Mais ils voudront voir l'œil de l'obligé se lever vers eux humide de reconnaissance. Il leur faudra l'approbation du public et son estime pour récompenser leur imparfaite vertu.

Très-peu sont capables de se contenter de cette perspective de l'Etat, être impersonnel, distribuant le résultat de leurs sueurs à des hommes peut-être plus paresseux qu'infirmes, parasites dont ils ignorent même les noms et auxquels ils sont et resteront pareillement inconnus. Il n'est pas prudent de compter sur ce dévouement tout particulièrement invraisemblable de la part de ceux qui sont les adeptes habituels des doctrines dont nous donnons ici la réfutation.

Ne surprenons-nous pas d'ailleurs nos adversaires, en flagrant délit de contradiction avec eux-mêmes? Ils se plaignent de l'égoïsme non producteur de l'humanité sous le régime de la propriété individuelle et ils comptent sur le plus haut degré possible du dévouement humain pour nourrir les faibles avec le travail des forts, sous les systèmes communistes !

Ajoutons que le communisme a été expérimenté dans les phalanstères. Ils sont morts sous le ridicule et la banqueroute. Et cependant la communauté des biens était visiblement moins difficile à établir et à soutenir avec un nombre d'hommes restreint qu'elle ne le serait dans une grande nation.

Nous maintenons donc nos conclusions relatives à tous les systèmes communistes successivement rejetés par nous comme inférieurs en utilité à l'ordre de choses existant, en ce qui concerne, soit la modération de la consommation, soit le développement de la production.

Ni la faiblesse, ni la paresse, ni la prodigalité, nous l'avons vu, ne sont retranchées par ces systèmes. Leurs stimulants au travail : l'intérêt collectif et la contrainte, sont inférieurs à celui de la propriété : l'intérêt individuel. La production est donc supérieure dans l'hypothèse du maintien de celle-ci. Quant à la consommation, elle est naturellement limitée avec la propriété individuelle, soit par les bornes des facultés humaines, soit par la crainte de la ruine, prompt châtiment de la prodigalité comme de la paresse. Le parasitisme ne peut pas plus être retranché par le communisme que par la propriété. Dans tous les cas, il a également l'égoïsme du producteur pour adversaire.

Nous devons d'ailleurs nous hâter d'ajouter qu'il faut accorder au parasitisme bien moins d'étendue qu'on ne voudrait trop souvent lui en attribuer.

Assurément, nous n'appellerons *parasite*, ni le magistrat qui punit les violations de l'idée de justice, lien puissant de la société, ni le prêtre qui prêche à tous la morale chrétienne, sans la pratique de laquelle aucune association d'hommes et surtout d'hommes libres ne peut durer, ni le père de famille qui administre avec soin le bien de ses enfants et prépare à la patrie d'utiles citoyens ! D'ailleurs, le parasite quel qu'il soit, est bientôt, sous le régime de la propriété individuelle, puni par la perte d'une fortune que le travail et l'économie ne lui conservent point.

On pourrait peut-être, par de sages lois, réfréner les trop scandaleuses spéculations de bourse, seules sources, avec le vol et la paresse des mendiants valides, du vrai parasitisme, de celui, du moins, qu'il peut être donné à l'humanité d'éviter partiellement. Ce serait là une réforme pleine de difficultés pratiques, mais à laquelle nous applaudirions de tout cœur.

L'intérêt social ne réclame donc point l'abolition, le sacrifice du droit du propriétaire dont nous avons démontré la légitimité.


## VIII


Mais il n'y a pas seulement des théoriciens et des utopistes dans le camp des ennemis de la propriété. Il y a des hommes agités de passions subversives. Ce n'est pas avec eux qu'il faut le moins compter.

Nous avons peu d'espoir, assurément, qu'ils lisent ces lignes. Si cependant une curiosité imprévue amenait quelques-uns d'entre eux à jeter les yeux sur ces pages, nous nous permettrions de leur dire qu'en croyant s'enrichir définitivement par le pillage ils calculent mal.

Ils oublient qu'ils peuvent ne pas réussir dans leur criminelle entreprise et perdre la vie sans conquérir les dépouilles convoitées.

Ils oublient qu'ils ne garderont point ce qu'ils auront tenté d'enlever, qu'on pourra toujours leur reprendre par la force ce qu'ils auront voulu ravir violemment et qu'on n'aura, pour les priver, en un tel cas, du droit de se plaindre qu'à leur opposer leurs propres exemples.

Ils oublient enfin que leur triomphe révolutionnaire précéderait de bien peu l'envahissement définitif de la France par l'étranger. Après avoir essayé la veille à peine, de briser toutes les digues ils en trouveraient donc, sur leur passage, de plus infranchissables, dès le lendemain !

Puissent ces considérations et celles qui les ont précédées diminuer, en éclairant quelques esprits, en intimidant quelques passions, le nombre des adversaires de la propriété et, en même temps, de tout l'ordre social ébranlé dans ce fondement. Nous ne savons si quelques-uns d'entre eux ne sont point attirés à cette destruction par la grandeur même de la ruine qu'ils préparent. Esprits et cœurs pervertis, ils veulent être grands, du moins dans le mal. Hélas ! nouveaux Samson, en ébranlant les colonnes du temple ils seront ensevelis sous sa chute !

IX.

La *misère* pourtant, il faut bien l'avouer, est un fléau terrible et, parmi les hommes auxquels je m'adresse, les plus excusables sont ceux qui écoutent ce conseiller funeste, *malesuada fames*. (1) Faut-il se résigner à voir se perpétuer ici bas cette grande plaie sociale ? Nous mentirions en disant qu'un remède radical nous paraît possible. Les causes de ce phénomène douloureux sont inhérentes à notre nature au point qu'il la faudrait retrancher tout entière pour les supprimer.

La religion elle-même n'aura, il y a lieu de le craindre, jamais assez d'empire sur les hommes pour extirper complètement ces causes dont l'une, du reste, la faiblesse intellectuelle et physique dépend uniquement de la nature et non de la liberté.

---

(1) La faim mauvaise conseillère.

Elle pourrait néanmoins et elle pourrait seule diminuer la misère, qu'elle aide, d'ailleurs, à supporter patiemment, en opposant à la faiblesse la vie régulière qui augmente les forces humaines, à la paresse l'amour du travail, accepté comme la loi de Dieu, à la prodigalité la mortification qui lutte contre les passions dissipatrices et en mettant dans le cœur des riches la justice pour les travailleurs, la compassion et la charité pour les infirmes qui n'ont aucune richesse et ne peuvent en même temps se livrer à aucun travail lucratif.

Seule elle a pu, lors de l'établissement du christianisme, puis, plus tard, dans les *réductions* du Paraguay et, sous nos yeux, dans de nombreux cloîtres, établir une sorte de communisme exempt des inconvénients par nous signalés, parce que elle seule sait donner l'abnégation et l'esprit de sacrifice dont le système de la communauté des biens peut se passer moins que tout autre.

C'est dans l'adhésion absolue, sincère et pratique de tous aux principes religieux que peut se trouver la seule solution non chimérique du problème de la misère.

En dehors de là l'humanité tournera dans un éternel cercle vicieux d'espérances insensées et de déceptions constantes produites par l'avortement de ses entreprises inutiles.

Qu'elle se condamne, si elle en a le funeste courage, à cet effort incessant et désespéré! Nous avons essayé d'élever la voix pour détourner quelques hommes d'un labeur stérile. Si nos trop faibles paroles ne sont point écoutées il nous restera la conscience d'un devoir accompli. Mieux vaut oser dire des vérités salutaires, au risque de les voir repoussées par ceux-là mêmes qu'elles préserveraient de leur ruine, que de se mêler à la tourbe adulatrice des bas corrupteurs du peuple qui se font un jeu criminel de le tromper sans relâche au profit de leurs illusions grossières ou de leurs coupables ambitions.

Aix. — Imp. J. Nicot.